I0026333

LE GRAND CONCLAVE

EN

VACANCES

(Caractères et profils.

<p style="text-align:center">~~~</p>

par

VICTOR GRENIER

Prix : 1 franc 25

Typ. Th. Cazal. (Saint-Denis Réunion)

1877.

Lk
-11
210

DELENDA CARTHAGO

—o—

Comme nous l'avons annoncé, dans nos précé
dentes publications, nous continuons à rappeler
aux membres du Conseil général qu'en votant
le crédit nécessaire au budget pour payer les travaux de typographie et de reglure nécessaires
aux différents services de la colonie, ils ont le
droit et le devoir de demander à mettre ces travaux en adjudication, puisqu'ils n'ont été jusqu'à présent que l'objet d'un marché de gré à
gré consenti au profit de l'éditeur du Moniteur
en dépit de toutes les lois et règlements sur la
matière, et que d'ailleurs le dit marché est de
plus extraordinairement onéreux pour le trésor
public, ce qui donne encore à l'administration le
droit indiscutable de le resilier pour cause de lé-
sion énorme.

Le rapport de la commission du budget n'est
pas encore connu, mais nous pensons bien que
les honorables membres qui composent cette
commission ont dû se préoccuper sérieusement
de cette question du marché des travaux de typographie qui intéresse à un si haut point les fi-
nances de la colonie, et que le conseil sera enfin
appelé à donner son opinion sur la matière, sans
se préoccuper des intérêts personnels qui sont en
jeu, et qui ne manqueront pas de remuer ciel et
terre pour chercher à maintenir une position évi-
demment irrégulière.

Delenda Carthago !

LE GRAND CONCLAVE

EN VACANCES,

Le grand conclave est en vacances au moment où nous écrivons ces lignes. Nous profiterons de cette circonstance pour offrir à nos lecteurs quelques caractères et profils que nous leur avons promis, dans une de nos précédentes publications. Nous nous occuperons aujourd'hui des délégations de Saint-Joseph et de Saint-Pierre.

Pour le canton de St-Philippe — St-Joseph, nous avons déjà parlé de M. Bourgine, il nous reste à nous occuper de M. Émile Bellier.

La délégation de St-Pierre se compose de quatre conseillers généraux, dont nous nous occuperons également aujourd'hui.

Nous renvoyons à une prochaine publication l'étude des splendides travaux de nos honorables à propos du fameux projet de constitution coloniale. Ceci est une œuvre gigantesque qui demande à être méditée silencieusement. C'est un poème épique où l'on voit des géants de la force de MM. Milbet, Lougnon et consorts, proposer de supprimer la Direction de l'intérieur et voire même la direction des colonies, pour confier tous les pouvoirs à une commission permanente composée d'eux et de leurs amis, afin de nous gouverner de la façon la plus distinguée, et de faire notre bonheur dans cette vie et nous assurer notre néant dans l'autre. C'est trop beau : nous ne voulons entreprendre

l'étude d un pareil sujet qu'après une longue et
serieuse préparation.

En attendant, puisque le conseil va bientôt voter le budget, nous appelons son attention sur
les dépenses des hopitaux qu'il faudrait augmen-
ter dans une proportion notable à St-Paul, car
il est plus que probable qu on aura prochaine-
ment besoin d'agrandir l'hopital des fous !

CARACTÈRE ET PROFILS.

M. EMILE BELLIER.

— o —

Ceux de nos lecteurs qui ont pu se tenir au courant de notre petite politique locale depuis les événements du 4 décembre 1870 se rappelleront sans doute que dans le courant de l'an de grâce 1871 la petite commune de Ste-Marie fut en proie à une agitation électorale dont les journaux du temps s'empressèrent de rendre compte. Un publiciste de la localité, parle, à cette occasion, « d'un noble et beau jeune homme » qui fit alors sensation en se présentant dans la salle de la mairie. Le publiciste voulait parler de M. Emile Bellier, fils de M. A. Bellier, si connu dans le pays sous le nom de « grand tambour major de la démocratie coloniale. »

C'est déjà quelque chose que d'être le fils d'un tel père, on a son pain sur la planche. On est débarrassé des préoccupations de la vie matérielle. On peut diriger toutes les forces de son esprit sur les choses de l'intelligence et de la pensée. On est un élu du sort, un favorisé de la fortune. Dans ces conditions là, on doit à son pays plus que le fils d'un savetier et d'un paysan. Noblesse oblige.

On a donc dit, en 1871, que M. Emile Bellier était un noble et beau jeune homme.

Noble ? — Il faut entendre ici la distinction des manières et de l'éducation : la noblesse du mérite et du cœur est préférable à l'autre, et le Roi qui faisait autrefois des ducs et pairs ne faisait pas des talents.

Beau ? — M. Emile Bellier mérite ce qualificatif quand on le regarde seulement à partir de sa poitrine. Quand le conseiller général du canton Saint-Joseph Saint-Philippe se renverse nonchalamment sur le dos de sa chaise curule, position qu'il semble affectionner, on croirait voir la tête de l'Apollon du Belvédère, roulant un œil pensif sur le plafond de la salle du Conseil. Mais que M. Emile Bellier ne se lève pas ! L'illusion disparait. Le buste et les jambes ne sont pas en proportion avec la tête. C'est trop court. Ah ! si M. Emile Bellier avait l'appareil de locomotion de son père, quel beau conseiller général nous aurions là ! — Il lui faudrait aussi le timbre de voix du patriarche du Bois-Rouge. Quand M. Emile Bellier prend la parole, on est étonné d'entendre cette petite voix faible et grêle sortir de cette poitrine qui parait forte et sonore. M. Emile Bellier n'est pas orateur : la nature ne prodigue pas ordinairement l'universalité de ses dons au même mortel : M. Emile Bellier est poète, c'est bien assez pour sa satisfaction personnelle et pour le bonheur de ses amis. Reste à savoir si les affaires coloniales doivent tirer un grand profit de cette faculté supérieure qui donne aux favoris des muses l'inestimable avantage de s'exprimer dans le langage des dieux. C'est une question qui a été résolue par Platon d'une façon négative.

Dans son projet idéal de gouvernement, le célèbre philosophe dont nous venons de parler, nous dit qu'il faut prendre délicatement les poètes par la main, les couronner de fleurs, et les conduire sur les confins du territoire de la République, en les priant d'aller exercer ailleurs leurs heureuses facultés. Nous ne partageons certainement pas l'opinion de Platon à cet égard, mais nous croyons qu'il n'y aurait aucun inconvénient dans le cas particulier de M. Emile Bellier, à prendre ce beau jeune homme blond par la main, à le conduire jusqu'à la porte du Conseil général, et à le prier de vouloir bien continuer ses rêves poétiques sous les ombrages de son habitation baptisée par lui du nom excentrique de « La Révolution. » — La colonie ne perdra rien à cela pour la bonne administration de ses affaires, et le groupe radical de notre Conseil général, compterait une voix de moins, ce qui ne serait pas un grand dommage !

Donner le nom de « La Révolution » à une propriété foncière qui produit des légumes, du sucre et du café, cela nous paraît une imagination bien extraordinaire dont nous cherchons vainement à nous rendre compte. Pour continuer dans cette voie extraordinairement poétique, pourquoi l'auteur de « Pendant l'Invasion » n'appelle-t-il pas son cheval Robespierre, son bœuf Danton et son cochon Marat ? — Les indiens qui font les trous de cannes pourraient être aussi appelés les Jacobins, et les Septembriseurs seraient ceux qui seraient chargés de faire la coupe. O fanatisme des opinions républicaines dans quelle série d'extravagances et d'aberrations ne peux-tu pas conduire les intelligences les plus nobles et les plus distinguées !

M. Emile Bellier a fait représenter dernièrement sur le théâtre de St-Denis une pièce intitulé « Pendant l'Invasion. » — Il a eu là un succès d'estime, et nous avons fait l'éloge des vers et de l'auteur ; mais pour nous servir d'une expression de Victor Hugo, « quel rage, à présent vient le prendre » de suivre le citoyen Lougnon et son groupe St-Paulois dans les fabuleuses insanités qu'ils proposent de faire entrer dans notre constitution coloniale ? — Décidément M. Emile Bellier devrait renoncer pour toujours à la politique pour se consacrer exclusivement au culte des muses.

Par malheur il a voué à Victor Hugo une admiration sans bornes et qui n'est pas raisonnée. Sans doute, Victor Hugo est un des plus grands poètes des temps modernes ; mais c'est un bien piteux homme d'état. Il avait compris lui même cette vérité, quand il dit, dans une pièce insérée dans son livre des « Châtiments » que pendant les révolutions politiques, le devoir du poète est d'avertir et de rester pensif, et qu'il doit reculer chastement devant le pouvoir qui s'offre à lui. Il a modifié depuis son programme mais ses admirateurs ne doivent pas le suivre et l'imiter dans les inconséquences.

Et puis! Quand on prend un grand homme pour modèle, on doit l'imiter dans ce qu'il a fait de bien et de beau, il ne faut pas parodier ses défauts. Incontestablement, Victor Hugo sera une grande et gigantesque figure dans l'histoire littéraire dix-neuvième siècle, mais il faut bien reconnaître que ce soleil a des taches.

Qu'on admire les belles pages de Notre Dame de Paris ou des Misérables, rien de mieux ; qu'on soutienne que la tirade de St Vallier, dans le Roi s'amuse, vaut mieux que le récit de la mor. d'Hippolyte dans Racine, nous sommes de cet avis, mais il ne faut pas conclur de là qu'il faut faire des vers irréguliers et sans hémistiche. Il ne faut pas surtout s'extasier sur des passages dans le genre de celui-ci :

> La cœur pleine
> De grands Sénichauds
> Chauds !

Ou bien encore dans Ruy-Blas.

> L'aigle impériale qui.....
> Couvrait le monde entier de tonnère et de flamme
> Cuit pauvre oiseau plumé dans leur marmite
> [infame

Et dans cette pièce délicieuse intitulée les oiseaux envolées ne voit-on pas aussi :

« Mes gros chinois ventrus comme des concombres. »

Tout cela est la fiente du génie qu'il faut laisser de côté, comme nous laissons de côté cette fabuleuse appréciation du mot de Cambronne, que Victor Hugo retourne dans un long passage sans égard pour la délicatesse du lecteur français qui veut être respecté. — En posant cette idée au milieu de sa belle description de la bataille de Waterloo, l'auteur des misérables prétend que son intention est de faire entrer le sublime dans l'histoire. Singulière idée! Étrange sublime que celui qu'on peut aller chercher à l'établissement des vidanges!

Quand Lord Colleville reçut cette réponse malpropre aux paroles chevaleresques qu'il adressait au dernier bataillon de la garde, il commanda le feu et tout fut terminé, Cambronne eût évité cette inutile tuerie s'il avait été plus parlementaire. Nous ne voulons pas rabaisser la gloire de cet obscur soldat, mais franchement nous aimons mieux le mot qu'on a depuis arrangé pour lui : « La garde meurt mais elle ne se rend pas. » Au moins cela peut se répéter en bonne société. Malgré tout ce que dira Victor Hugo, les gens bien élevés ne changeront pas d'avis.

Il ne faut pas pousser l'admiration qu'il est naturel d'avoir pour un homme de génie jusqu'au culte, jusqu'à la superstition, jusqu'au fétichisme. M. Émile Bellier paraît malheureusement tomber trop souvent dans ce travers, il accepte tout ce qui émane de Victor Hugo, la poésie aussi bien que la politique. C'est un tort. La poésie, oui, avec quelques restrictions ; la politique, non, absolument non !

Sans doute il y a beaucoup à prendre et à laisser dans les critiques amères de Gustave Planche et de Louis Veuillot à propos des œuvres de ce poète né à Besançon « vieille ville Espagnole, jetée comme une graine au gré de l'air qui vole » ; mais il faut reconnaître aussi, que dans l'intérêt de sa gloire, il y a bien des pièces, bien des appreciations qu'il voudrait bien n'avoir jamais produites.

Quant à son existence politique, le Grand exilé de Jersey ne doit pas servir de guide aux gens sérieux qui résistent à la démagogie, et veulent le respect de l'ordre et le maintien de la société. M. Emile Bellier ne pense pas ainsi et nous venons de le voir voter au sein du Conseil général les articles les plus insensés de notre fameux projet de constitution coloniale. Cela peut être en rapport avec les idées de Victor Hugo, mais cela heurte le sens commun. C'est pourquoi nous persistons à dire que M. Emile Bellier n'a rien à faire au sein du Conseil général où il s'agit de s'occuper des affaires sérieuses du pays, et qu'il ferait bien de donner sa démission pour aller se consacrer exclusivement au culte des muses.

Encore un dernier mot, avant de terminer ce profil d'un homme dont nous estimons l'indépendance et le caractère, mais dont il nous est permis de discuter les opinions, puisqu'il a consenti à devenir un homme public en acceptant le mandat de conseiller général : On dira peut-être, d'après tout ce que nous venons d'écrire plus haut, que nous nous permettons, infime, de vous attaquer à l'immense personnalité de Victor Hugo et que nous avons conçu la folle entreprise de diminuer cette grande figure de notre histoire littéraire. — Ce reproche serait injuste : personne n'admire plus que nous le génie poétique et vigoureux du noble exilé de Jersey, mais notre admiration ne va pas jusqu'à nous faire oublier les règles de la raison et du sens commun. Il y a longtemps que nous avons pensé qu'il fallait faire deux parts dans la vie de Victor Hugo, l'une qui regarde la carrière du poete, et l'autre relative à la vie politique. Nous avons toujours dit que dans l'intérêt de sa gloire et de sa tranquillité, le poète aurait toujours dû rester en dehors de la vie politique : c'était l'opinion de Victor Hugo lui-même dans une pièce des châtiments dont nous avons parlé plus haut, pourquoi ne s'est-il pas toujour contenté d'avertir et de rester pensif ? »

C'est cette idée que nous avons cherché à exprimer, il y a déjà plusieurs années, dans une chanson restée inédite et que nous avions écrite pour répondre à des critiques injustes émanées d'un journal de la localité. Voici cette pièce qu'il aurait été dangereux de publier sous le régime impérial, et que nous offrons aujourd'hui à nos lecteurs et à M. Emile Bellier pour lui prouver que nous ne sommes pas un Huge-phobe :

A VICTOR HUGO.

1er Couplet.

Victor Hugo, dans ta douleur amère,
Tes pas ont fui notre sol ébranlé :
C'est le destin ! Le vieux rapsode Homère
Ainsi que toi jadis fut exilé.
Mais en chantant sur la vague marine,
Le grand vieillard, aux pas appesantis,
Plaignait les grecs qui chassent Mnémosyne,
Et souriait de les voir si petits.

2e Couplet.

Tu peux errer sur la terre et sur l'onde,
Loin de nos bords tu peux te diriger ;
Mais le génie est citoyen du monde,
Nul sol pour toi ne doit être étranger.
Qu'importe alors la plage où ton pied pose,
Chantre inspiré de nos droits engloutis,
Tu reviendras : La liberté repose
En se lassant de nous voir si petits.

3me Couplet.

Qu'allais-tu faire, hélas, dans la mêlée
Quand les traitants s'arrachent nos lambeaux ?

Le roi des airs dédaigne la vallée,
Où le chacal] rode autour des tombeaux.
Remonte au ciel, l'espace est ton domaine :
Laisse égorger les troupeaux abrutis,
Puis les honneurs de la grandeur humaine,
En souriant de nous voir si petits,

4me Couplet.

Mais quel vacarme ! Une plume insolente
A sur tes pas distillé son venin ;
Va ! tous ces cris que la bassesse enfante
Sont-ils montés jusques à ton dédain ?
Non, ces messieurs sont trop bas pour t'atteindre;
Les mirmidons , en censeurs convertis,
Sur ton flambeau souffleront sans l'éteindre
Et tu souris de les voir si petits,

Nous n'avons pas besoin de dire que cette
chanson fut composée quelque temps après le dé-
part de Victor Hugo pour Jersey, et quand le
poète venait de publier, à propos des événements
du deux décembre, son livre vengeur intitulé
Napoléon le Petit.

Occupons nous maintenant de la délégation de Saint-Pierre Cette importante commune est représentée au Conseil par MM. Gabriel Potier, Théodore Thomas, Denis de Kerveguen et Félix Frappier. Nous les présenterons à nos lecteurs dans l'ordre où nous venons d'écrire leurs noms.

M. GABRIEL POTIER

Tomber de M. Emile Bellier et Victor Hugo au citoyen Gabriel Potier, la chute est profonde. M. Gabriel Potier n'est ni poète ni littérateur. Il est agent de change de son métier et s'il lui arrive quelquefois de faire de la littérature, c'est de la littérature spéc.... Ainsi quand M. Gabriel Potier écrit à ses correspondants, il s'exprime volontiers en ces termes :

« Cher Monsieur,

En réponse à votre honorée du... courant j'ai l'honneur de vous faire savoir que le marché de la vanille est mou. — ce parfum se présente en très grande quantité et tend à la baisse. Les sucres sont par continuation très recherchés, et cette douceur atteindra des prix satisfaisants. Quant au café, cette fève n'a pas encore paru sur le marché, mais tout lui présage un accueil convenable etc — etc. »

Un pareil style épistolaire pourrait paraître étrange à ceux qui ont pris l'habitude d'admirer les lettres de Madame de Sévigné, mais il faut reconnaître néanmoins que cette forme généralement employée par les vieux commerçants ne manque pas absolument d'originalité. Un agent de change peut parfaitement rester étranger aux formes ordinaires de la littérature : c'est un droit dont M. Gabriel Potier use dans une large proportion.

Rappelons une anecdote que nous avons déjà racontée dans d'autres circonstances, mais qui retrouve ici sa place. Le respectable M. H. commerçant de la place de Saint-Denis venait d'être nommé agent de change. Il est aperçu le matin dans son parterre par M. G. pendant qu'il remuait la terre au pied de ses fleurs. — Salut nouveau Cincinnatus, lui dit M. G. — Le nouvel agent de change resta tout interdit et ne sut que répondre pendant que M. G. continuait son chemin.

Cependant après un moment de réflexion M. H. craignant d'avoir été l'objet d'une mauvaise plaisanterie de la par de M. G. alla trouver son ami E. L. à qui il expliqua son cas avec beaucoup d'indignité. Celui le rassura complétement en lui affirmant qu'on lui avait fait un compliment très-flatteur, Cincinnatus avait été le premier agent de change de Rome. Depuis cette histoire le nom de Cincinnatus a été appliqué bien souvent aux agents de change qui étaient de la force littéraire de M. H. Le public jugera si ce sobri-

quet romain convient au bon Monsieur Gabriel
Potier.

Quoiqu'il en soit, cet honorable citoyen est un
des quatre représentants de son canton au conseil général. Il n'est ni clérical ni radical, ni mo-
narchiste, ni républicain, probablement il ne sait
pas lui-même ce qu'il est. Si l'on faisait un groupe d'hommes politiques appelés les nihilistes ou
les rienistes, M. Potier ferait bien certainement
parti de ce groupe là. Cependant le représentant
de St-Pierre est libéral. Cela se comprend tout
naturellement : on n'a jamais vu de candidat au
conseil général, ou à un conseil élu quelconque,
se présenter aux électeurs sans affirmer, des
pieds et des mains, qu'il est libéral et partisan
de toutes les libertés et de toutes les progrès ima-
ginés et imaginables.

Cependant, voici une petite histoire qui nous
paraît bien avoir son mérite :

M. Potier causait, il y a quelques jours avec
MM. Trollé et Denis de Kéguen, deux de ses
collègues du Conseil général. Tout naturellement on parlait des travaux du conseil, et des
fameuses propositions du citoyen Croquemitaine.
Comment, dit à ce dernier, l'agent de change
St-Pierrois, avez-vous pu proposer au Conseil de
voter une indemnité aux conseillers généraux ? —
Mais ne voyez-vous pas alors que tout le monde
voudra se faire nommer ! — Cela nous amène-
ra nécessairement des imbéciles dans la premiè-
re assemblée du pays !

À ce mot d'imbécile, prononcé dans ces conditions, le citoyen Denis de Kivéguen se mit à ouvrir les yeux et la bouche, et Croquemitaine dans sa stupéfaction, ne put s'empêcher de laisser tomber ses grands bras jusqu'à ses genoux. Pour ceux qui se rendent bien compte de la position, ce mot est réellement grand comme le monde, et la crainte manifestée par le citoyen Potier vaut tout un vaudeville. Le citoyen Croquemi aine, abasourdi par cette observation, mit fin à la discussion en disant à son interlocuteur : « Non mon ami, mon bon ami, le suffrage universel n'a pas besoin de ma proposition d'indemniser les mandataires du pays, pour envoyer des imbéciles au Conseil général. » Nous ne nous permettrons pas d'examiner si Croquemitaine a raison dans la circonstance.

Quoiqu'il en soit M. Potier est un excellent St-Pierrois, natif de St-Pierre, que nous serions désolé d'avoir contrarié, en écrivant ces lignes où nous nous efforçons de dire la vérité en riant. Il paraît que cet honorable membre de notre conseil général n'entend pas toujours fort bien la plaisanterie, c'est très-fâcheux, il nous ferait alors penser qu'il n'est pas un homme d'esprit. Ceci nous remet en mémoire une anecdote qui nous est venue de St-Pierre, à l'époque des dernières élections de ce canton. Le citoyen Croquemitaine avait été le concurrent de M. Potier pour le mandat de conseiller général de St-Pierre. Concurrent malheureux. Le suffrage universel avait préféré M. Potier. Croquemitaine se ven-

gea de sa défaite en tombant son rival dans .
deux articles du Journal le Travail. Ab m:
M. Potier le prit fort mal, il fit relancer le R
dacteur du Travail à qui il proposa tout douce-
ment de venir se| couper la gorge avec lui. M.
Trollé qui est un philosophe humanitaire n'est
pas partisan des combats singuliers à propos des
plaisanteries de presse, et il a toujours pensé
qu'on ne doit verser le sang de son semblable
que pour le guérir, en employant le bistouri ou
les sangsues. Il ; efusa donc, M. Potier se fâcha
encore plus fort, et ayant rencontré Croquemitaine, il se jeta sur lui pour le taper, malgré ses
cheveux blancs. Le pauvre Croquemitaine se
tira de ce mauvais pas en ouvrant son parasol
entre son agresseur et lui. Cette guerre fit beaucoup rire les habitants de St-Pierre. M. Potier
a compris sans doute le ridicule d'une semblable
position.

Nous terminerons ce profil par un conseil :
M. Potier est quelquefois trop exagéré dans ses
go uts. Il aime outre mesure la République et les
pis taches grillées. Sans doute, une bonne répu-
bli que est bonne, et de bonnes pistaches grillées
sont bonnes, mais il ne faut pas abuser des
meilleures choses. La république n'est pas comme la canelle, il ne faut pas en mettre par-
tout : une trop forte dose de démocratie, mal
digérée, quand on n'en a pas l'habitude, peut por-
ter au cer veau et oblitérer l'entendement du ma-
lade. De là des votes impossibles. Quant aux
pistaches gr illées, ce comestible oléagineux est

lourd sur l'estomac et peut produire des acci-
dents désagréables dans le système abdominal :
il ne faut pas qu'un personnage ferme et sérieux
ne soit pas toujours convenablement tenu dans
ses culottes.

M. THÉODORE THOMAS.

—o—

Le Père Rigole est, dans l'acception la plus
exacte du mot, ce qu'on peut réellement appeler
un vieux brave. Ancien chef d'escadron d'artil-
lerie en retraite, il s'est retiré sur une propriété de la Plaine des Cafres qu'il pensait trans-
former en une petite Nouvelle Normandie. Er-
reur ! Le Père Rigole a commencé à construire
une grande maison en pierres, à chaux et à sable, dans une localité où il n'y a ni pierres ni
chaux ni sable, et où il pouvait se procurer faci-
lement à pied d'œuvre, tout le bois nécessaire
pour faire un palais.

Pour donner une juste idée du rôle joué par
le Père Rigole dans le sein du conseil général,
nous croyons que le meilleur moyen est de faire
le compte rendu d'une séance où cet agréable
vieillard se sentant en veine, a déployé réellement

les ressources de son incomparable originalité.

Prenons par exemple la séance du 23 juillet courant : Celle où il est question de la censure demandée par M. Emile Bellier contre les conseillers généraux qui s'absentent sans motifs plausibles.

Nous n'avons pas besoin de prévenir le lecteur que nous n'avons pas sténographié la séance dont nous allons rendre compte : Il pourra donc se faire que nous mettions quelquefois dans la bouche de certains orateurs, des phrases qui n'auraient pas été textuellement prononcées, ce qui ferait peut être croire que notre récit est purement fantaisiste. Il peut en être ainsi pour la forme, mais au fond nous nous sommes attaché à reproduire fidèlement la physionomie du débat dont nous avons été témoin. Sous le bénéfice de cette simple observation, nous entrons en matière.

SÉANCE DU 23 JUILLET

—o—

Le fauteuil de la présidence est occupé par le grand Croquemitaine doyen d'âge, le président et le vice-président ayant fait connaître au conseil qu'ils étaient atteints d'un accès de fièvre paludéenne.

Croquemitaine fait connaître en commençant, à ses collègues, momentanément placés sous sa férule qu'il entend faire exécuter rigoureuse-

'ment le règlement, et qu'il ne permettra à personne de venir danser le cancan sur la table, comme la chose a pu se voir quelquefois.

Mes bons amis, mes chers amis, dit-il avec sa
voix douce et frêle, je dois vous prévenir que sous
ma présidence, il faudra se tenir bien sage, je
suis dogmatique et formaliste, et ferme en même
temps : respect à la règle et aux convenances,
sans quoi, j'agite ma sonnette, je mets mon chapeau, je rappelle à l'ordre, je suspends la séance,
et même je la lève, si le cas l'exige ; tenez-vous
le pour dit.

Le citoyen Jean de Fontrabiouse. — Il est dia-
blement autoritaire, ce démocrate-là.

L'ordre du jour appelle la discussion de la proposition du noble et beau jeune homme de la Révolution, dont il est donné lecture en ces termes :

« Les soussignés, membres du conseil général, demandent que, conformément à l'usage
existant dans la métropole, si un conseiller mérite, à deux reprises, la censure pour absence dans
le cours d'une session, cette mesure disciplinai-
re soit affichée à cinquante exemplaires dans le
canton que représente ce membre du conseil. »

Le grand sergent de Ste-Rose.

C'est raide !
Le beau jeune homme.

Ce que vous dites-là n'est pas parlementaire.
Ce n'est pas l'expression qu'il faut employer.

Le grand sergent de Ste-Rose.

Je suis de votre avis mon cher collègue : J'ai
dit: c'est r aide. J'aurais dû dire: c'est très-raide.

Croquemitaine.

Silence. Messieurs, la parole est au citoyen
Maître d'Ecole qui me l'a demandée d'une voix
perçante et sonore.

Le Maitre d'Ecole.

La proposition dont vous venez d'entendre la
lecture est une modification au réglement, et
dans ce cas, une proposition ne peut être mise en
discussion qu'a la condition d'être signée au
moins par six conseillers généraux. Cette condition a été observée, et la proposition écrite dé-
posée sur le bureau contient les signatures de
six d'entre nous: mais je m'apperçois que dans
le Journal officiel une signature, celle de M. Gabriel Labuppe, a été supprimée. Cela rend la
discussion de la proposition inconstitutionnelle et
je demande le rétablissement de la signature du
gros Enfant.

Le Père Rigolo.

Ah ! l'Enfant, c'est comme cela que vous faites.
Vous reculez après avoir avancé. Vous profitez
de votre position d'imprimeur du gouvernement

pour supprimer les signatures qui vous gênent.

L'Enfant.

Ma signature est ma propriété.

Le Père Rigole.

Quelle farce ! de quel droit vous permettez vous de vous permettre de rendre impossible une discussion qui arrive très-légalement devant le conseil ?

L'Enfant

C'est mon droit:

Plusieurs voix.

Oui — Non — Cela n'a pas l'ombre du sens commun !

Grande rumeur, le Président agite sa sonnette, et tend la main vers son chapeau : l'orage se calme, et le conseil décide que la signature de M. Laboppe sera rétablie à l'officiel, comme elle existe à la minute de la proposition.

La parole est donnée au noble et beau jeune homme de la Révolution pour développer sa proposition. Il expose d'une voix faible et douce qu'il y a des membres du conseil général qui se moquent réellement de leurs collègues en particulier, et du peuple d'Ismaël en général. Les farceurs qui ont sollicité un mandat honorifique, après l'avoir obtenu s'en soucient autant que de Colin Tampon. C'est intolérable. Le conseil ne peut pas tenir, bien souvent faute de conseillers : les collègues qui prennent leur mandat au sérieux sont exposés tous les jours à se rendre à la salle de la rue Rontaunay pour venir y gober le marmot. Il faut que cela finisse et que les électeurs sachent à qui ils ont confié le mandat de défendre leurs intérêts.

Plusieurs voix.

Oui! Oui! Oui! Très-bien — Il faut que cela finisse

Me Précioso.

Comment allez vous faire finir cela ?

Le Beau Jeune Homme.

En acceptant la proposition — Les électeurs ne nommeront plus ceux qui s'absentent sans motif.

Un Bébéni Trois.

Plus souvent !

Croquemitaine.

La parole est au Père Rigolo qui l'a demandée avec un petit rire narquois, en regardant son collègue de Saint-Benoit·

Le Père Rigolo.

Je viens soutenir la proposition dont vous venez d'entendre la lecture, puisque vous avez refusé de voter la mienne qui était plus radicale, et dans laquelle je vous demandais de supprimer complètement le conseil général. Vous voulez rester conseillers généraux, c'est très bien, je comprends ça, ça vous pose ; mais alors, trouvez un moyen de faire marcher votre conseil général, en infligeant une punition sévère à ceux qui refusent de remplir leur mandat. Le pilori !

Me Precioso.

Cela n'est pas légal. Vous n'avez pas le droit d'édicter une pénalité semblable. Le conseil d'état saisi de la question vous emballerait main sur main.

Le Père Rigolo.

Et bien moi je dis que c'est très-légal, et que nous avons parfaitement ce droit-là. N'en déplaise au petit avocat qui vient de m'interrompre.

Me Precioso

Vous êtes plus juriste que moi — J'en conviens ; mais modestie de côté, et je mets toujours le modestie de côté, j'aime à croire que je connais un peu le droit.

Le Père Rigolo

Je n'en sais rien.

Me Precioso.

Ah, c'est un peu fort, continuez.

Le Père Rigolo.

Je vous remercie de la permission que vous me donnez, mais dont je me serais passé à la rigueur, et je continue.

Messieurs, vous savez que je ne suis pas méchant, et qu'au contraire j'aime à rire un peu, et à batifoler un brin, cependant je viens vous dire qu'il faut traiter avec la plus grande sévérité les collègues qui s'absentent sans motif légitime. On vous propose de faire imprimer des pancartes à cinquante exemplaires, et de les afficher dans les cantons où ont été nommés les conseillers délinquants. Le grand sergent de Ste-Rose nous dit que c'est trop raide, et moi je vous dis que ce n'est pas assez. Tout le monde ne verra pas ces affiches, et tous ceux qui les verront ne sauront pas les lire. Il faut, à son de trompe ou à coup « d'ensive » appeler les populations et leur faire faire la lecture de ces imprimés. Il faut plus ! Je propose à la place d'imprimés, d'avoir de petits mannequins représentant les conseillers en faute. Ces poupées ou petits mannequins seraient pendus, en effigie avec l'inscription suivante, imitation de ce que l'on voit sur les livres des collégiens :

Ecce Pierrot pendu
Qui au conseil ne s'est pas rendu :

Si Pierrot au conseil se rediddisset,
Pierrot pende son fuisset.
Voilà ce que je propose :

Plusieurs voix.

La clôture, aux voix, aux voix.
Le Président constate qu'il y a sept voix contre la proposition et cinq voix pour, en tout douze votants : on a demandé le vote nominal.

Le Père Rigolo

Nous sommes treize, mais il n'y a que douze votants. Le vote est nul. — Il y a une abstention. C'est moi qui me suis abstenu.

Croquemitaine.

Mais, Père Rigolo, vous faites manquer le vote.

Le Père Rigolo.

Comme vous le dîtes, avec élégance.

Le Maître d'École,

C'est une position intolérable : le conseil ne peut pas être à la discrétion d'un membre qui pour faire une farce, annule une discussion prise après une longue délibération.

Le Père Rigolo.

Je fais dans l'intérêt de mon opinion, ce que j'ai vu faire, il y a quelques jours, par un membre de cette assemblée pour défendre la sienne.

Le Sergent de Ste-Rose

Mais vous manquez ici de logique, car vous
vous êtes élevé vous-même avec véhémence contre cette manière de faire que vous imitez maintenant.

●

Ici se place une scène indescriptible, un aperçu de la cour du roi Pétaud, quelque chose de
semblable à ce qui a dû se passer à la construction de la tour de Babel, au moment du miracle
de la confusion des langues. Tout le monde parle, et personne ne s'entend. M. Reverré explique
la « Boule Abstention » ; M. Dussac cherche à
éclairer le débat, le désordre continue, les ténèbres augmentent. Le président demande le silence. — Messieurs, dit-il, M. Dussac a demandé la parole, mais plusieurs orateurs sont inscrits avant lui, ceux-là veulent-ils céder la parole à M. Dussac. Oui dit l'un — Passe, dit l'autre, — Tiens, dit un troisième — Passe parole, exclame M. Milhet. Bon, dit le président, c'est
donc comme à la bouillotte. Passe, tiens, — Passe parole, — (hilarité générale.)
Pendant ce temps le père Rigole a fait un bond

par d'essus son fauteuil, il a quitté la salle : Le voilà debout, les bras croisés au milieu du public. Il crie à ses collègues restés dans la salle : Oh bée, vous autres, délibérez donc, vous n'êtes pas en nombre. Je suis parti, — vous n'êtes plus que douze. Ah, mon Dieu. père dit M. de Pont-Le Voye, ne faites donc pas de semblables plaisanteries, ce n'est pas drôle. Reprenez donc votre place ! — Et la tempête continue. Enfin le père Rigole retourne à sa place. Après un bon quart d'heure de cris divers, le président prononce la clôture, et la séance est levée et renvoyée au lendemain.

Et le vote ? — Qu'a-t-on décidé ? — Je crois que le Président n'en sait rien lui-même, ni le public non plus.

Le défaut d'espace nous force à renvoyer à une prochaine publication la suite des portraits des membres de la délégation de St-Pierre.

V. G.

www.ingramcontent.com/pod-product-compliance
Lightning Source LLC
Chambersburg PA
CBHW060811280326
41934CB00010B/2643